mamá

мама
mama

papi

тато
tato

niño

хлопчик
khlopchyk

niña

дівчинка
divchynka

1

uno

один
odyn

2

dos

два
dva

3

tres

три
try

4

cuatro

чотири
chotyry

5

cinco

п'ять
p'iat

6

seis

шість
shist

7

siete

сім
sim

8

ocho

вісім
visim

9

nueve

дев'ять
dev'iat

10

diez

десять
desiat

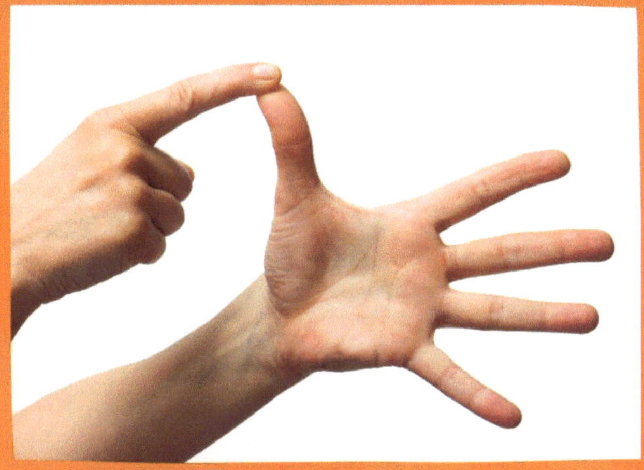

contar

рахувати
rakhuvaty

escribir

писати
pysaty

dibujar

малювати
maliuvaty

pintar

фарбувати
farbuvaty

círculo

коло
kolo

cuadrado

квадрат
kvadrat

rectángulo

прямокутник
priamokutnyk

triángulo

трикутник
trykutnyk

estrella

зірка
zirka

negro

чорний
chornyi

blanco

білий
bilyi

marrón

коричневий
korychnevyi

rojo

червоний
chervonyi

azul

синій
synii

amarillo

жовтий
zhovtyi

verde

зелений
zelenyi

morado

фіолетовий

fioletovyi

gris

сірий

siryi

naranja

помаранчевий

pomaranchevyi

rosa

рожевий

rozhevyi

manzana

яблуко
iabluko

plátano

банан
banan

piña

ананас
ananas

sandía

кавун
kavun

pera

груша
hrusha

uvas

виноград
vynohrad

mango

манго
manho

melocotón

персик
persyk

fresa

полуниця
polunytsia

cereza

вишня
vyshnia

naranja

апельсин
apelsyn

coco

кокосовий горіх

kokosovyi horikh

limón

лимон
lymon

seta

гриб
hryb

maíz

кукурудза
kukurudza

tomate

помідор
pomidor

calabaza

гарбуз

harbuz

pepino

огірок

ohirok

zanahoria

морква

morkva

patata

картопля

kartoplia

calabacín

Кабачок-цукіні

Kabachok-tsukini

espinacas

шпинат

shpynat

coliflor

цвітна капуста

tsvitna kapusta

huevo

яйце

iaitse

plato

тарілка
tarilka

cuchara

ложка
lozhka

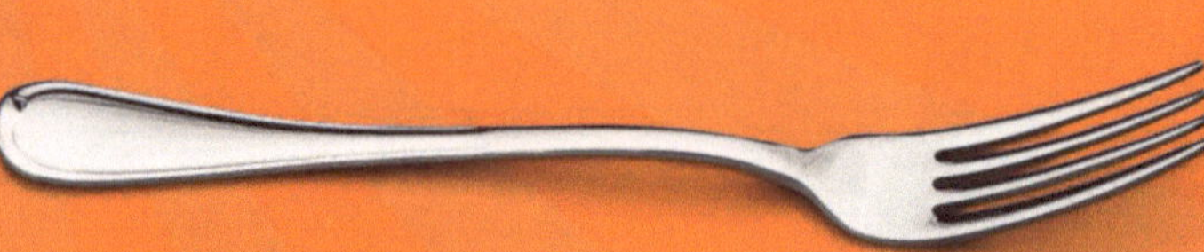

cuchillo

ніж
nizh

tenedor

виделка
vydelka

pastel

тістечко

tistechko

biberón

дитяча пляшечка

dytiacha pliashechka

golosinas

цукерки

tsukerky

queso

сир

syr

beber

пити
pyty

comer

їсти
isty

caliente

гарячий
hariachyi

frío

холодний
kholodnyi

pequeño
маленький
malenkyi

grande
великий
velykyi

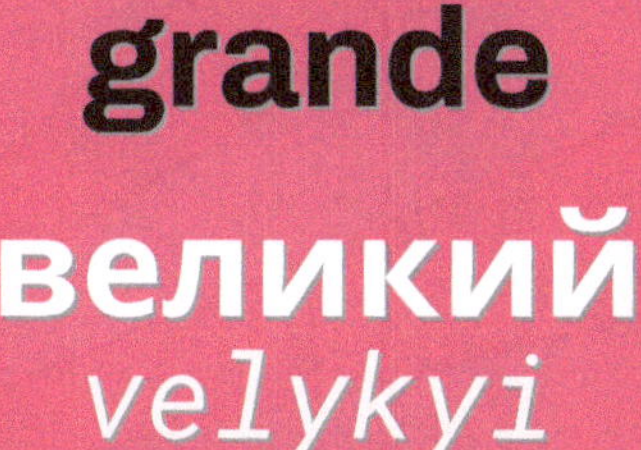

 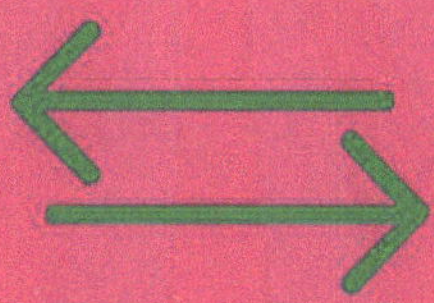

corto
короткий
korotkyi

largo
довгий
dovhyi

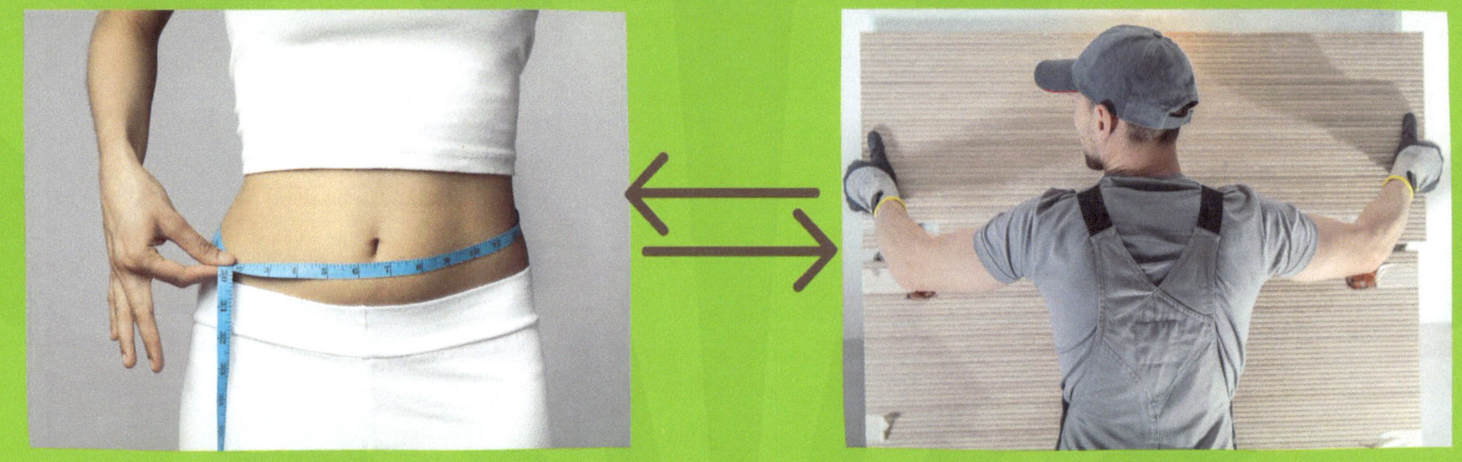

delgado

тонкий
tonkyi

grande

великий
velykyi

fácil

легкий
lehkyi

difícil

важко
vazhko

levantarse

встати
vstaty

sentarse

сідати
sidaty

dulce

солодкий
solodkyi

salado

солоний
solonyi

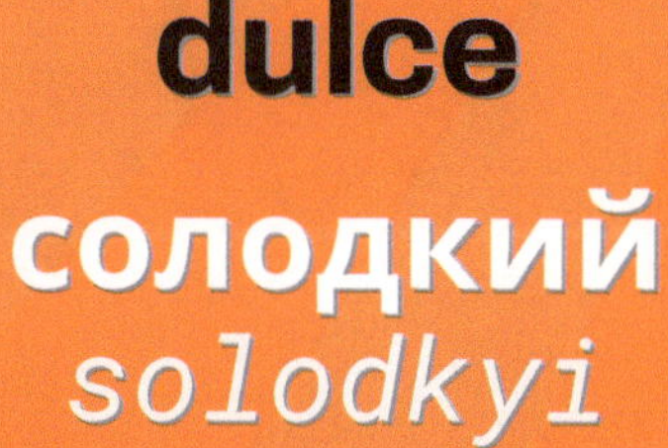

pesado
важкий
vazhkyi

ligero
легкий
lehkyi

en
всередині
vseredyni

fuera
поза
poza

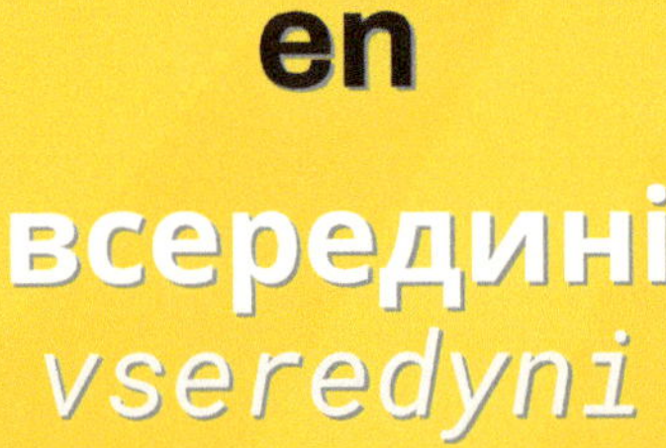

sucio

брудний
brudnyi

limpio

чистий
chystyi

cerrado

закритий
zakrytyi

abierto

відкритий
vidkrytyi

lápices

олівці
olivtsi

reloj

годинник
hodynnyk

llave

ключ
kliuch

libro

книга
knyha

cama

ліжко
lizhko

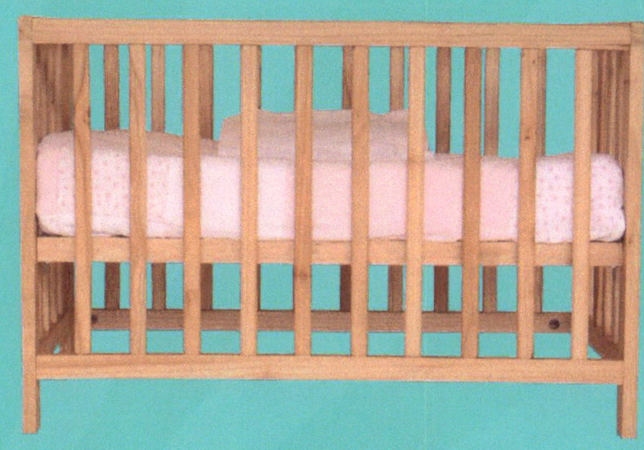

cuna

дитяче ліжко
dytiache lizhko

mesa

стіл
stil

silla

стілець
stilets

coche

машина
mashyna

bicicleta

велосипед
velosyped

avión

літак
litak

barco

човен
choven

tren

потяг
potiah

helicóptero

вертоліт
vertolit

camión de bomberos

пожежна машина

pozhezhna mashyna

bombero

пожежник

pozhezhnyk

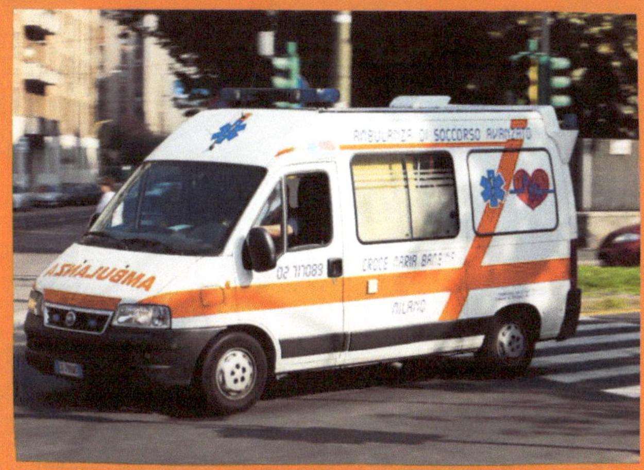

ambulancia

швидка допомога

shvydka dopomoha

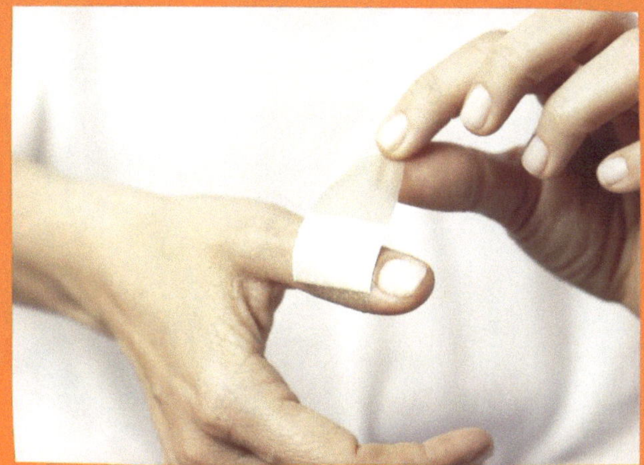

vendaje

пластир

plastyr

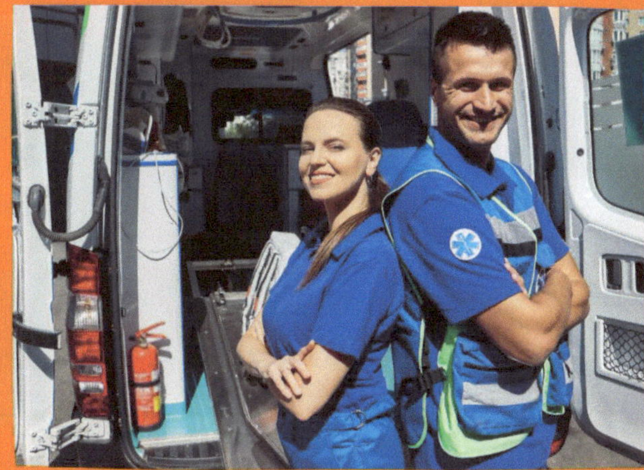

paramédico

фельдшери

feldshery

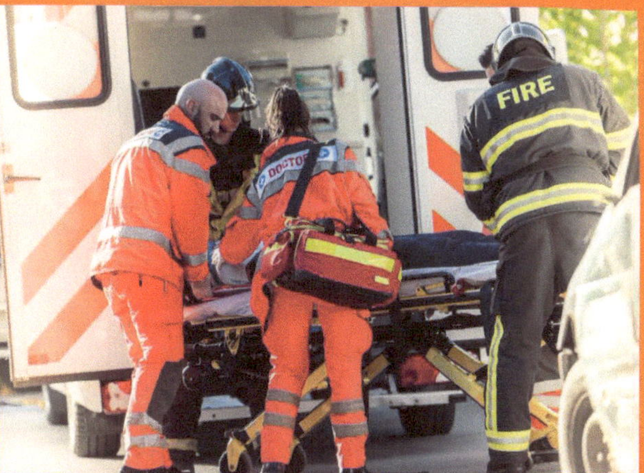

equipo de rescate

команда рятувальників

komanda riatuvalnykiv

bosque

ліс
lis

montaña

гора
hora

hierba

трава
trava

arena

пісок
pisok

árbol

дерево
derevo

flor

квітка
kvitka

mariposa

метелик
metelyk

hormiga

мураха
murakha

gato

кішка
kishka

perro

собака
sobaka

caballo

кінь
kin

ratón

миша
mysha

vaca

корова
korova

cerdo

свиня
svynia

oveja

вівця
vivtsia

pato

качка
kachka

ganso

гусак
husak

conejo

кролик
krolyk

pez

риба
ryba

veterinario

ветеринар
veterynar

doctor

лікар
likar

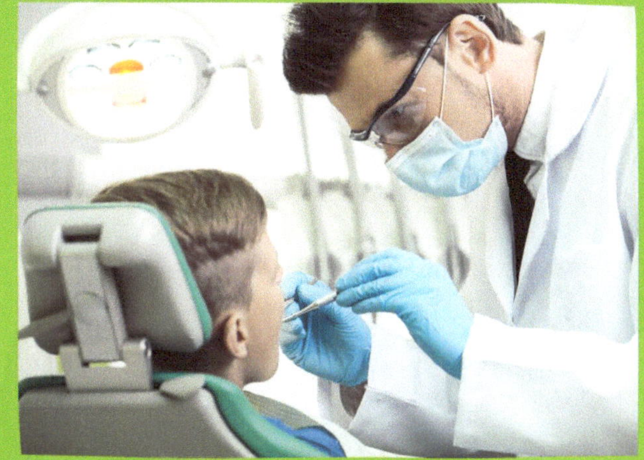

dentista

дантист
dantyst

farmacéutico

фармацевт
farmatsevt

enfermera

медсестра
medsestra

cabeza

голова
holova

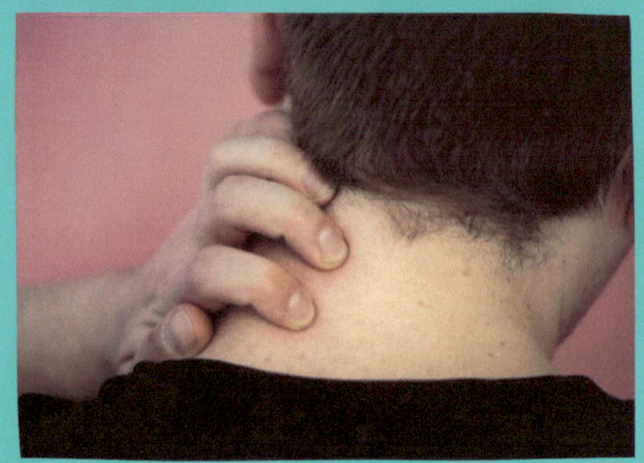

cuello

шия
shyia

pie

стопа
stopa

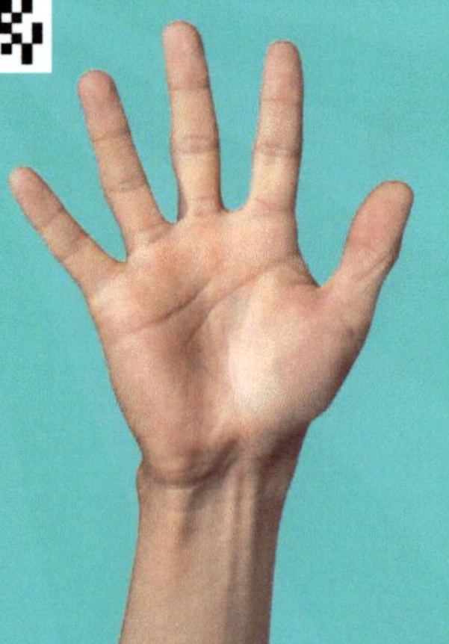

mano

кисть
kyst

dientes

зуби
zuby

ojo

око
oko

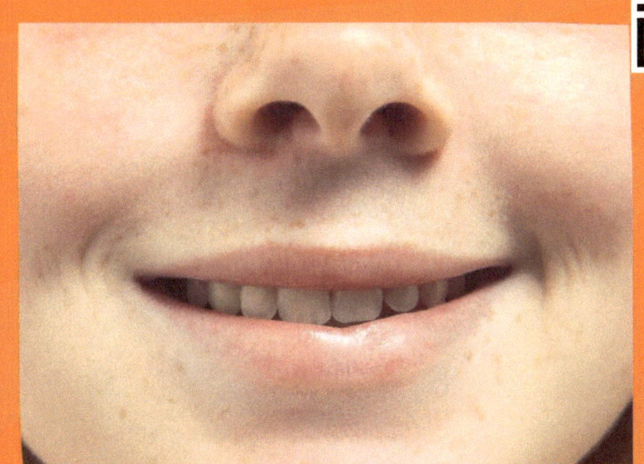

boca

рот
rot

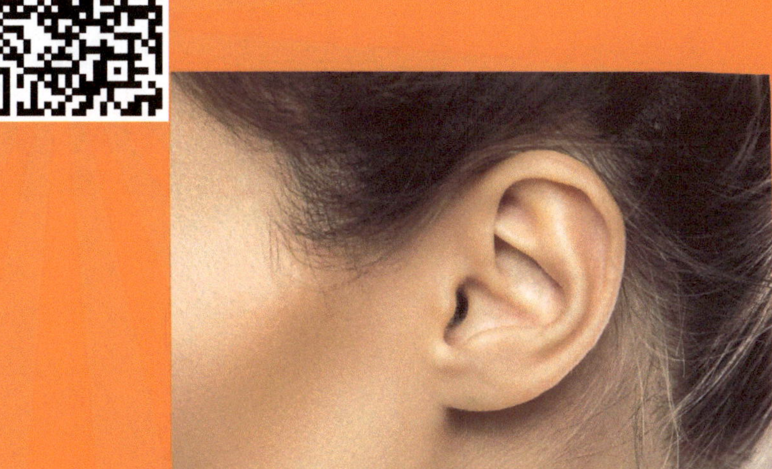

oreja

вухо
vukho

sombrero

капелюх
kapeliukh

vestido

сукня
suknia

pantalones

штани
shtany

zapatos

черевики
cherevyky

abrigo

пальто
palto

bufanda

шарф
sharf

paraguas

парасолька
parasolka

gafas

окуляри
okuliary

sol

сонце
sontse

nublado

хмарно
khmarno

lluvioso

дощовий
doshchovyi

luna

місяць
misiats